La tête de George Frédéric Haendel

ÉDITIONS VERDIER
11220 LAGRASSE

Du même auteur
chez le même éditeur

L'École du virtuose
traduit par Uta Müller et Denis Denjean
Prix Laure-Bataillon 1993

La Guerre du sommeil
traduit par Uta Müller et Denis Denjean

Gert Jonke

La tête de George Frédéric Haendel

Traduit de l'allemand
par Uta Müller
et Denis Denjean

Collection « Der Doppelgänger »
VERDIER

COLLECTION « DER DOPPELGÄNGER »
DIRIGÉE PAR JEAN-YVES MASSON

Titre original : *Der Kopf des Georg Friedrich Händel*
Éditions Verdier pour la traduction française, 1995.
ISBN : 2-86432-227-7
ISSN : 1158-5544

DANS certaines régions du monde, au cours de la première nuit du printemps, sur les collines et les montagnes les plus élevées du pays, il est d'usage de brûler l'hiver sur d'énormes bûchers. Les gens pensent que les derniers flocons de neige s'en vont alors en tourbillonnant avec la pluie de cendres pulvérulentes des forêts qui, à cette occasion, finissent souvent par s'embraser.

En l'an 1748, on célébra la paix d'Aix-la-Chapelle en brûlant la guerre. Un somptueux feu d'artifice devait inaugurer des temps meilleurs. Pour les pyrotechniciens on érigea un échafaudage des plus solides, afin qu'ils puissent lancer avec plus d'audace leurs toiles de feu dans le ciel nocturne. Et on donna à Haendel le plus grand orchestre jamais vu, dit-on, pour que le feu de sa musique pût accompagner dignement le tableau multicolore qui embraserait le ciel.

12 000 personnes étaient venues au spectacle, la plupart à pied, mais hélas, l'échafaudage qu'on avait construit dut sans doute manquer de solidité car, lorsqu'à l'apogée de la fête tout explosa et s'enflamma au milieu d'une panique effroyable, Haendel fut peut-être du petit nombre de ceux qui remarquèrent que les derniers morts de cette guerre

réduite en cendres étaient aussi les premiers morts de la paix toute neuve qui sentait déjà le roussi.

Le lendemain, il redonna la musique au bénéfice d'un hospice pour enfants trouvés, mais sans accompagnement de feu.

Le 13 avril, Haendel sentit tout l'horizon baroque venir de très loin au-delà de Londres, traverser les ruelles de la ville, entrer chez lui, se pencher sur son lit ; il sentit la rue se ruer dans sa chambre par la fenêtre, alors qu'il avait déjà le sentiment de planer au-dessus de son propre corps, il se perçut lui-même dessus et dessous comme le reflet transparent de sons inouïs qui, voltigeant à travers sa chambre, l'élargirent aux dimensions des plaines continentales ; l'horizon s'y retira alors en emportant

Haendel loin derrière le fleuve immobile d'où partaient les sons pour escalader le ciel ; un certain temps encore, Haendel put se percevoir comme leur reflet transparent, et, à côté, l'écho à peine audible des cloches de Pâques qui à l'instant se mirent à sonner lui parut sans doute comme le choc grossièrement discordant d'un méchant bout de tôle rouillée heurtant le pavage grossier dessiné sur la dalle du ciel.

Le 13 avril, exactement vingt-deux années plus tôt, une chose semblable lui était déjà arrivée, mais sans ce caractère si absolument, si infiniment définitif. Cet après-midi-là, le valet avait mis à faire son service tout le soin et toute l'attention dont il était capable, car le maître, qu'on n'avait pas vu aussi courroucé depuis longtemps, écumait en grimpant les escaliers dans le bruit de tonnerre du portail : la négligence d'un ou de plusieurs membres du personnel vocal de son théâtre — qui chantait n'importe comment — l'avait acculé au mur de sa colère, il avait failli éclater, en venir aux mains, ce qu'il ne put empêcher qu'en s'éclipsant, et maintenant, toujours aussi excité, il marchait de long en large, on entendait ses pas résonner au plafond.

Ces négligences au cours des répétitions avant la première avaient dépassé les limites du supportable ; les interprètes lui coûtaient une fortune, mais ils n'étaient ni capables ni désireux de redoubler d'efforts pour s'acquitter des fonds investis.

Il ne leur accordait même plus assez de sensibilité pour déchiffrer et chanter en silence le calme d'une chambre abandonnée enfoui sous le vide d'une feuille de papier jauni ; l'excitation montée de sa tête avait déjà troué le plafond du grenier, et le seul besoin qu'il éprouvait encore était de précipiter ensemble avec fracas du haut des falaises crayeuses de Douvres tous les clavecins qu'on lui avait imposés au cours de sa vie, ces milliers d'instruments fatigués, désaccordés, inutilisables, et de les couler au fond de la mer.

Les chanteurs effrayés tentèrent naturellement de le calmer : Comment, on n'avait pas chanté comme il voulait ? Quoi ? répliqua-t-il, chanté ? non, il n'avait pas entendu chanter, ils appelaient ça chanter ? Quel beau son n'est-ce pas ? Pour lui, il se faisait une tout autre idée de la voix humaine. Mais si, lui répondit-on, bien sûr, le son était beau, ils avaient chanté exactement comme il l'avait noté sur la partition. Comment pouvait-il n'avoir rien entendu ? reprirent les chanteurs — et, pour le prouver, ils voulurent aussitôt se remettre à chanter, mais Haendel ne voulait plus rien entendre, arrêtez ! cria-t-il en se bouchant les oreilles, arrêtez tout de suite de chanter ! Il n'était plus en état d'écouter chanter, maintenant fini de chanter, basta !

La maison de Brookstreet était depuis longtemps considérée par ses voisins comme une maison de fous. Souvent la nuit, à travers le portail laissé ouvert par oubli, le clavecin déversait ses flots de chaconnes et de sarabandes, fort propices à l'insomnie, ou bien, par la fenêtre ouverte, fusaient cris et hurlements chantés, chants et hurlements criés, chants et cris hurlés comme l'exigeaient les conventions rigides de l'opéra héroïque italien, ou peut-être tout sortait-il du gosier de l'Allemand devenu fou qui giflait de ses cris tel ou tel organe vocal incapable de musique correcte.

Avec ses bulles de savon de plus en plus ventrues, le valet avait presque réussi à chasser des chéneaux les piaillements ironiques des pigeons rieurs, lorsqu'une de ces sphères montée très haut lui sembla éclater avec un vacarme si exagéré qu'il se précipita aussitôt en haut de l'escalier afin de pouvoir vaquer illico sur les lieux à la réparation des dommages causés par une quelconque catastrophe domestique. La chambre paraissait vide, comme si l'on venait juste de la quitter ; vide aussi, derrière le secrétaire, l'imposant fauteuil, au cuir graisseux et lustré, du directeur général de la musique ; le valet déjà sur le point de ressortir aperçut le maître gisant à terre, immobile et rigide, les yeux grands ouverts, creusés par la fixité du regard, comme si non seulement les heures passées ce jour-là, mais aussi toutes les semaines, toutes les années précédentes s'écoulaient lentement dans la pièce par les yeux de ce corps massif et vulnérable, se déversaient dans la cage d'escalier et coulaient par le portail en bas jusque dans la rue, quittant la ville en râles de moins en moins audibles, en plaintes de plus en plus lointaines. Le copiste effrayé s'était lui aussi précipité dans la pièce, et ensemble, unis dans la même crainte aiguë pour la vie de leur maître et employeur, ils allongèrent sur le lit son corps agité de spasmes intermittents.

Ensuite le copiste laissa sur les lieux le valet, avec pour instruction de rafraîchir, par des linges mouillés d'eau froide, le front et les yeux de l'homme foudroyé, et il se précipita hors de la maison.

Un heureux hasard fit surgir l'équipage d'un duc, l'un des bienfaiteurs de Haendel, il reconnut l'homme sur-le-champ et s'arrêta.

Un vibrant appel fut lancé vers l'intérieur de la calèche : que l'on daignât se montrer secourable et avoir l'immense bonté d'aller chercher le médecin, sans quoi Haendel, malheureusement, était bientôt mort.

Comme entraîné dans une chasse à courre frénétique, le cocher cravacha ses chevaux jusqu'à la maison du médecin qui abandonna net l'observation de son incomparable collection d'échantillons d'urine, éclatante de toutes les couleurs du spectre : en compagnie du copiste, dans sa petite calèche attelée d'un seul cheval, il s'en alla par les rues rejoindre Haendel ; soucieux, il prit d'assaut l'escalier, fit son entrée dans la pièce, tâta le pouls, ligota le bras inerte qui retombait toujours, et, selon son habitude chaque fois qu'il commençait l'auscultation d'un malade, il déclara haut et fort : « La saignée ! » Comment ? on n'avait pas entendu ? « La saignée ! » Cet acte, en effet, son occupation préférée ou peu s'en fallait, représentait à ses yeux une mesure préventive fondamentale, toujours à propos.

Le valet avait obtempéré à la demande d'une bassine, et déjà, sitôt l'aiguille plantée dans la veine, le sang fiévreux et fumant coulait longuement dans le récipient après avoir traversé le tuyau abouché à l'aiguille — lorsqu'enfin Haendel soupira de soulagement.

Aux regards du copiste qui l'interrogeait sur son mal, le médecin ne put répondre qu'avec un haussement perplexe des épaules : hélas, dit-il alors, ce n'est pas une fièvre légère, ni non plus une fièvre lourde, pas une angine non plus, plutôt une angine de poitrine, en tout cas sans doute un évanouissement passager. Un reflux soudain du sang hors du cerveau pouvait en être la cause, ou bien, d'un autre côté, mais c'était moins probable, on avait la possibilité d'une congestion passagère due à un afflux soudain d'un trop-plein dans la tête, symptôme qui d'ailleurs coïncidait toujours avec le début de la ménopause, la formation soudaine de grandes cavités dans les plis et replis des pensées — ce qu'il était, hélas, forcé de constater, car rien ne bougeait : l'un des yeux par exemple venait d'omettre soudain d'exécuter correctement son battement de paupière conformément au règlement et à l'ordre établi — ce qui, hélas, l'amenait à conclure à une attaque d'apoplexie, à un coup de sang dû à trop d'excitations au cours d'une activité bien trop intensive d'ingurgitation de nourritures bien trop grasses, lié sans doute d'ailleurs aussi, c'était fort possible, à une bien trop grande consommation d'alcool.

Quatre mois durant, il ne vécut que dans la moitié gauche de son corps ; elle s'agitait vainement dans son lit alors que l'autre, celle dont il avait perdu la sensation, restait pesamment allongée à côté de lui. Ainsi était-il devenu pour lui-même, contre son gré, un inexorable gardien de prison, attaché à lui et qui le retenait derrière des verrous dont les clés s'étaient perdues.

Pas une parole, pas un son ne s'échappait de ses lèvres tordues et tombantes, pas un signe ne pouvait se libérer de sa main morte ni monter sur le papier. De temps en temps seulement, quand les amis venaient lui jouer de la musique, les notes et les sons semblaient presque se refléter dans ses yeux, comme si ses pupilles tiraient à l'intérieur de sa tête la chaîne des mélodies interprétées pour lui, tandis que la moitié mobile de son corps cherchait en vain à s'extraire du lit, à tituber vers la sortie de la maison, comme s'il voulait sortir du crépuscule de cette chambre de malade pour suivre les harmonies qui, réveillées dans la chambre comme une compagnie de papillons de nuit entrés par la fenêtre, voltigeaient et rejoignaient le jour.

Par souci de le distraire un peu de son immobilité forcée plutôt que dans l'espoir d'une amélioration — jamais il n'aurait osé penser à une guérison — le médecin recommanda le transport du compositeur aux eaux et aux vapeurs d'Aix-la-Chapelle : peut-être les souffrances du maître y connaîtraient-elles un peu de cet apaisement qui lui était devenu désormais d'une urgente nécessité.

Ce voyage qui mit en mouvement l'homme immobile l'entraîna sans doute aussi dans un bref voyage à travers le tourbillon d'images pâlies et de souvenirs qu'il gardait de ses incessants voyages d'autrefois, des dizaines d'années plus tôt.

À Lübeck, par exemple. Il y avait rendu visite au plus célèbre maître d'orgue du pays, Dietrich Buxtehude, pour solliciter la fonction d'organiste titulaire du plus grand orgue du monde ; on la lui aurait bien donnée, et il l'aurait bien prise si l'obtention de cette charge n'avait été liée à l'incontournable obligation de se charger aussi de la fille de son vieux prédécesseur et d'en faire son épouse ; mais lorsqu'il posa, pour la première et la dernière fois, son regard sur elle, et que le souffle tragique de la laideur regrettable et imméritée de la fille frôla ce regard, il s'empressa de déclarer que son départ, devenu urgent, ne pouvait être remis.

Ou encore, peu après, le voyage en Italie, si décisif pour lui, où les mécènes les plus nobles et les plus généreux le forcèrent bientôt à pousser la porte de leurs gentilhommières, de leurs villas et de leurs palais, tout en l'invitant expressément à y prolonger son séjour le plus possible et à bien vouloir leur accorder l'insigne faveur d'entendre sa musique.

Haendel fut peut-être le premier musicien qui sut se faire prier sans rien se laisser commander. Il ne s'asseyait pas à la table des valets, comme le faisait encore Haydn un demi-siècle plus tard, mais il fut traité en monsieur par les seigneurs les plus haut placés, et il excellait autant à décortiquer artichauts, faisans, homards, crabes ou chapons qu'à décortiquer gammes et accords. En Italie en effet, on avait inventé à peu près tout ce qui était d'une importance capitale pour Haendel — jusqu'à l'Italie elle-même, probablement. Déjà des centaines d'années auparavant, un certain Guido d'Arezzo avait inventé l'écriture des notes, et ce fut grâce à elles que Haendel, entre autres, eut la possibilité de noter sa musique, et uniquement grâce à elles que l'art de la composition musicale put voir le jour en Occident. En Italie, les violons sortaient de terre avec les arbres ou peu s'en fallait, encastrés déjà sous l'écorce, aussi les incomparables luthiers de ce pays, encore inégalés aujourd'hui, n'éprouvaient-ils que très peu de difficultés à sculpter dans ce bois leurs incomparables instruments, inégalés aujourd'hui encore. Quelque temps après, certains « fidèles » irréductibles, certains pédants indécrottables, avaient essayé de reconstituer la tragédie antique en reprenant à la lettre les pratiques de sa représentation. De cette erreur, peut-être qualifiée de pénible par certains, naquit alors ce qu'on appelle « Opéra ». D'où l'on pourrait conclure que les principes rigides d'une fidélité irréductible et d'une pédanterie sans faille peuvent mener soit à une erreur pénible, soit à des innovations mémorables qui bouleversent des siècles entiers ; à moins que lesdites innovations mémorables qui bouleversent des siècles entiers ne représentent rien d'autre qu'une erreur tout aussi pénible. « L'Opéra », cette erreur italienne poursuivie pendant des siècles avec une irréductible fidélité, eut comme conséquence pour le théâtre lyrique l'exigence de représentations en version originale, exclusivement en italien, même et surtout quand on ne comprenait rien à la langue italienne. Il y eut sûrement à cette époque tel ou tel compositeur pour composer sur des tas de livrets italiens sans comprendre un traître mot de ses propres œuvres comme peut-être la messe en latin des catholiques ; ainsi certains, aujourd'hui encore, se laisseraient-ils sans trop de mal aller à qualifier l'opéra d'institution en quelque sorte ecclésiastique, supérieure et laïque !

Quiconque alors venait d'Italie jouissait aussitôt d'une reconnaissance et d'un renom mondial. Pour cette raison, quiconque s'estimait un peu plus haut que la moyenne prétendait venir d'Italie ou être Italien. La moitié de l'Europe s'estimait hautement et chacun se serait volontiers rebaptisé « italien », raison pour laquelle on introduisit l'opéra italien dans toute l'Europe. Comme par exemple Haendel à Londres. Il s'était fait connaître à Venise avec son *Agrippine.*

Dans la série des inévitables concours musicaux, il ne s'était mesuré qu'une seule fois à ce Domenico Scarlatti qu'on jugeait aussi fort que lui et qui, au début, le surpassait au piano.

Les sonates de l'Italien, avec leurs éclats et leurs coloris de pierres précieuses, s'élevaient et virevoltaient dans l'air ; elles n'avaient aucune peine à laisser loin derrière elles les passacailles de l'Allemand dont l'angoissante polyphonie engorgeait et bouclait tout l'espace.

Le doigté audacieux de l'Italien, ses tierces et ses octaves couraient sur le clavier, métamorphosant en rayons de lumière ses doigts qui frappaient les touches ; mais tout fut englouti plus tard par l'orgue, où Haendel l'emportait, tout fut tranquillement avalé dans les soufflets, perdu dans les tuyaux, ni vu ni connu.

Le plus mémorable de tous les mécènes fut le dénommé Ottoboni, cardinal qui avait réuni ses innombrables maîtresses sur les murs de sa chambre dans un chœur harmonieux de peintures à l'huile, brossées par la main des meilleurs maîtres de l'époque ; elles étaient représentées en petite tenue sous les traits de saintes célèbres, et disposées selon l'ordre du calendrier de l'Église Catholique Apostolique et Romaine.

Ce prétendu cardinal l'avait invité à de prétendues fêtes arcadiennes. Au cours de ces réjouissances champêtres, les gens alors les plus distingués du pays s'accoutraient d'habits de bergers parfumés au préalable, accompagnés des bêlements stupides de moutons fraîchement lavés et soigneusement shampouinés. Ils devaient d'ailleurs, pensaient-ils, non seulement les garder, mais aussi leur tondre la laine sur le dos. Dans des édifices imités des écuries d'Augias, que des valets — travaux proprement herculéens — devaient quotidiennement nettoyer tout en écoutant des poètes amateurs chanter, sur des vers exsangues aux pâles reflets virgiliens, l'inaccessible beauté de la vie bucolique, ils se prenaient pour des demi-dieux de l'antique nature, survivants oubliés des millénaires révolus, et ils attendaient d'un instant à l'autre que des nymphes surgissent du clapotis des ruisseaux ; ou bien, désorientés, ils titubaient d'un buisson à l'autre, se figurant avoir échappé aux charmes sournois d'une Circé qui s'y serait cachée et aurait failli, il s'en fallait d'un cheveu, les transformer en cochons : il n'avait nulle envie de paître dans un tel troupeau. Le Dieu en chef, par contre, le taureau qui s'était approché de la triomphante beauté d'Europe et qui avait peut-être déjà réussi à la hisser sur ses épaules, n'aurait sans doute plus eu l'occasion de l'enlever, de nager avec elle dans la mer, ni même dans le Tibre — il se serait vite révélé n'être qu'un bœuf que l'on aurait débité et mis en broche, sur un feu, au milieu d'une prairie.

Ce que Haendel en avait retenu, longtemps après, comme un souvenir toujours vivant, avait sans doute suffi pour lui inspirer bien plus tard l'idée de son opéra-comique *Acis et Galathée,* cette histoire d'un berger qui aime sa bergère et qui, en retour, est aimé de la bergère ;

mais la folle jalousie d'un Polyphème s'en mêle, un désir irrépressible le pousse vers la bergère, il se désespère devant l'harmonie de leur bonheur, et un jour il fait choir un rocher sur le gardien de troupeaux qui justement se trouve posté exactement sous lui ; ce dernier, frappé à mort, enseveli sous la montagne écroulée, continue à chanter sous le rocher, persiste à pousser sa plainte, laquelle fait jaillir du rocher la plainte d'une source, la source à son tour se déverse dans un ruisseau qui allégrement continue à pousser sa plainte à travers le pays, et ses vagues recouvrent le pays comme une robe qui de plus en plus s'étire jusqu'à ses confins, la bergère toujours chantant se plaint toujours qu'on lui ait pris son berger, elle continue son chemin au fil de l'eau tout au long des plis de sa traîne, et enfin elle se déverse dans la première rivière qui croise son chemin, à moins que, dans une fin paisible et rédemptrice, elle ne débouche dans la mer.

Haendel avait invité les chanteurs à le rejoindre au clavecin pour continuer à répéter avec eux, lorsque le maître de danse lui demanda l'autorisation de commencer à s'exercer avec ses apprentis-interprètes. S'ensuivirent des gestes maniérés, comme d'un chasseur de puces qui agiterait frénétiquement les doigts, une puce risquant toujours de filer à l'anglaise. Il entreprit de montrer à ses interprètes-apprentis chorégraphes, qui devaient prendre exemple sur lui, comment se mouvoir avec méthode sans se laisser gagner par la panique — il leur suffisait d'imaginer qu'à l'instant quelqu'un les immortalisait sur un retable —, comment se disposer dans une calme ordonnance, le regard sans cesse tourné vers les spectateurs, selon les règles immuables de la dramaturgie régnante, comment se mettre au même pas dans la mesure du possible, entrer en scène en même temps, les forces du Bien côté cour, les forces du Mal côté jardin, et, seul au milieu, le *deus ex machina* en personne ; comment enfin, au cours de l'inévitable duel, transpercer au mieux l'adversaire de son poignard ou de tout autre objet pointu fort heureusement à portée de main, en tenant compte de telle ou telle circonstance bien déterminée, plus ou moins favorable, en effectuant tel mouvement ou tel autre, en suivant tel rythme ou tel autre, selon toutes les règles de l'art.

Haendel se préoccupait surtout de savoir avec certitude si la cantatrice, dont s'était un instant détourné son regard perspicace et vigilant, avait bien chanté elle-même le contre-ut, ou si le castrat de son amant était allé une fois de plus le lui pêcher dans le gosier sous prétexte qu'il savait mieux l'atteindre qu'elle, — quand soudain les ronflements de Polyphème qui, en raison des répétitions de huit à dix heures par jour, avait fermé les yeux d'épuisement (y compris l'œil dessiné sur son front), le lancèrent dans un accès de colère tel qu'il fut obligé de quitter le théâtre ; cet accès fut peut-être aussi à l'origine de l'attaque qui, plus tard, à la maison, avait scindé son corps en deux.

Que de musique enfermée en lui ! De plus en plus pressante, elle voulait sortir, mais elle semblait à jamais prisonnière de ce corps incapable de mouvements où tournaient en rond des harmonies tissées de plus en plus serré, et des polyphonies à faire peur ; parfois elle déchaînait en lui un inquiétant désordre où tous les sons audibles se mêlaient ensemble. C'était comme si, par hasard, sa tête avait perçu en écho l'explosion d'un son produit par la pulvérisation d'un soleil inconnu, à des temps et des distances si inconcevables que personne ne pourrait jamais en imaginer l'éloignement, et c'était comme si, par la suite, s'était égarée derrière son front l'ombre du bruit produit par sa lente extinction durant un crépuscule de plusieurs millions d'années. Son impatience de pouvoir enfin s'ouvrir encore une fois sur l'extérieur et rétablir l'ordre dans son univers sonore intérieur intensifiait la douleur de sa plainte, mais, en même temps, elle le rendait de plus en plus fort, de plus en plus déterminé, semblable presque aux sources chaudes nées à l'intérieur de la terre, propulsées par le pouls de volcans somnolents, puis éjectées dans la circulation bouillante de la planète.

Dès le début, il ignora les médecins avec leurs mises en garde timides de ne pas transpirer dans l'eau plus de trois heures par jour, sans quoi son corps allait se faire étouffer par la force mystérieuse du centre incandescent de la terre, montée à la surface avec ces eaux passées au préalable par le centre de la planète. Mais rien ne pouvait l'étouffer davantage qu'il ne l'était déjà ; aussi, dans sa tentative de se défaire, de se dépouiller de la cage qu'était devenu son corps, se livrait-il aux thermes sans aucune retenue, il s'en remettait aveuglément à leur violence, il se revêtait avec volupté des geysers de vapeur, presque comme s'il avait plongé sous la surface inexplorée du monde pour s'en envelopper tout entier comme d'un cataplasme chaud.

Neuf heures par jour, il se laissait glisser dans l'eau, et c'était comme si peu à peu se détachait de lui la prison invisible, vaporisée par les nuages sulfureux. Au bout d'une semaine, il se traînait déjà sans aide à travers l'établissement de bains, à travers les grandes salles carrelées d'un goût exquis, le mouvement revenait dans son bras desséché, ses lèvres flasques et pendantes commençaient aussi à se raffermir pour la patiente reconquête des mots et des phrases, il en rayonnait d'étonnement et de gratitude émerveillée, comme si, avec les sentiments et les sensations qu'il savait à nouveau exprimer, beaucoup d'autres choses aussi remontaient à la surface, des choses jusqu'où jamais encore sa mémoire n'avait plongé, et qu'il ressentait sans pouvoir les nommer.

La veille de son départ, il traversa la nef de la cathédrale et monta à la tribune où l'attendait l'orgue déjà ouvert. D'abord prudent, il se mit à effleurer le clavier supérieur avec quelques doigts de la seule main gauche, et ensuite, d'abord timidement, il amena la droite sur le clavier inférieur ; et voyant que même les doigts de cette main obéissaient sans broncher à ses ordres et répondaient à ses exigences, il fit jaillir par tous les tuyaux à travers la nef de pierre un vrombissement qui déferla jusqu'aux voûtes ; alors même qu'à bâbord et à tribord la pierre se mettait à vibrer, il crut sentir une nouvelle agilité dans son corps revenu à la vie, une extension de son corps à toute la nef, il était devenu ces sons puissants qui s'engouffraient dans le vaisseau de marbre et l'emplissaient à ras bord des flots d'harmonie que lâchaient ses écluses grandes ouvertes. On eût dit que l'édifice de la cathédrale se mettait à bouger, à flotter, à se balancer libre et léger, comme si dehors on avait mis des voiles au clocher, au toit de cet immense cargo maçonné de briques, pour entreprendre un voyage dans les plaines des Flandres et au-delà, jusqu'à la côte, et le réexpédier aussitôt par-dessus le Channel au beau milieu de la capitale de l'Île.

Il se mit à travailler immédiatement, plus qu'il ne l'avait encore jamais fait, à noter tout ce qu'il avait dû laisser de côté durant le temps perdu et paralysé ; il devait enfin le libérer, le hisser sur le papier à musique tracé de portées régulières ; tout ce qui était resté bridé en lui, il fallait l'épancher, l'ordonner en musique et le faire entendre.

Pour regagner les faveurs du Prince Électeur, son patron, qui, contrairement au contrat passé, était resté le bec dans l'eau à Hanovre depuis une petite éternité, et qui, grâce à un imbroglio familial en sa faveur d'une part, et à la stérilité de la gent féminine royale anglaise d'autre part, avait quelque espoir de devenir un jour roi de l'Île, Haendel imposa sa *Watermusic* même aux eaux de la Tamise : elle ne devait se soumettre à aucun des coups de vent à venir mais suivre seulement son rythme à lui, et le laisser mener la danse de ses vagues sur les berges et les flancs des navires qui cinglaient sur ses eaux.

Mais bien vite les temps mauvais le rattrapèrent. D'abord, la mort de la reine interrompit toutes les représentations. Et plus tard aussi, les spectateurs le boudèrent, surpris par la pénurie liée à l'éclatement d'une guerre de succession espagnole, à moins qu'ils ne fussent gavés jusqu'à l'écœurement par la gravité irrémédiable et la raideur de ses héros d'opéra italien comme de ses opéras héroïques ; par ces temps de crise, toute cette noble élévation leur devenait de plus en plus incompréhensible, ils n'y trouvaient plus assez de distinction, ou peut-être trop. Le théâtre restait vide ; et ainsi, tout le monde le quitta bientôt, y compris, bien sûr, leurs Excellences impertinentes, autrement dit messeigneurs les Castrats ; en le saignant à blanc de leurs cachets astronomiques, avec l'argent gagné en chantant — et souvent si mal — ses arias, ils avaient pu, pour la plupart, se faire construire les palais les plus mirobolants, et peut-être voulaient-ils aussi lui faire payer le méfait perpétré sur eux à l'âge le plus tendre par d'irresponsables charcutiers, les directeurs de chœurs d'enfants persuadés d'assurer ainsi l'avenir de l'art vocal ; aucune voix proche de la puberté n'était à l'abri de leur pouvoir tranchant.

Et ses inventions musicales semblaient perdre leur vertu d'envoûtement, car tout ce qu'avec un acharnement croissant il essayait de composer pour y remédier aboutissait à des ombres sonores, pâlichonnes et amorphes ; et vint le jour où, sa dernière bribe de courage envolée, il s'arrêta d'écrire.

Pourquoi les sources chaudes ne l'avaient-elles pas gardé, pourquoi l'avaient-elles exposé à une libération aussi douteuse, se demandait-il lorsque, le soir, fatigué, il errait dans le désert des rues bondées qui lui semblaient vidées à coups de balai, et poussées hors de sa propre tête par son sentiment de désespoir, jusqu'à recouvrir toits, ruelles et carrefours, comme si son manque d'inspiration enveloppait les maisons d'un deuil illimité.

La méchanceté, cependant, l'emportait sur le deuil : la concurrence en effet, par ses médisances répétées, s'enrichissait en grande partie sur son dos. Amputant quelques-unes de ses œuvres de leur irrémédiable gravité, elle les affublait d'ironie et de satire, et les rejetait au public déchaîné, transformées en grosses plaisanteries.

Car il devait une grande part de son déclin à *L'Opéra des gueux* de John Gay ; au fur et à mesure qu'augmentait l'enthousiasme du public pour celui-ci, l'intérêt pour Haendel semblait se tarir, le public prenait d'assaut le théâtre où la dépravation d'aristocrates guindés épousait la roublardise de prostituées de bas étage, et où, comme en passant, on jetait sur la scène quelques-unes de ses mélodies, si intelligemment estropiées en rengaines et si hypocritement fidèles que lui-même arrivait encore par moments à s'en délecter.

On n'en pouvait plus, déclarait John Gay, de ces dieux venus d'on ne sait où avec leurs ailes, clochards aériens et célestes vagabonds, de ces messieurs empaillés et raides qui traversaient coulisses et décors comme sur des échasses, on n'en pouvait plus de ces bergers et bergères dont la grandeur d'âme se cachait sous une peau de loup fort civile, car désormais l'intérêt général se portait sur les voleurs, les vagabonds, les escrocs, les mendiants, les entremetteuses et les receleuses, tous bien plus populaires, et la langue qu'ils utilisaient n'était pas moins noble ni moins courtoise, même si elle restait cachée dans la pénombre douteuse des arrière-cours.

Tout ce que l'on avait cherché dans les opéras renommés, on le trouvait tout aussi bien ici, chez lui, et les chœurs de ses prisonniers martyrisés ne le cédaient en rien à l'émotion ressentie d'habitude face aux inébranlables murs des geôles, le public pouvait tranquillement continuer à pleurer.

Le cher public contemplerait certainement d'un œil humide l'exécution de ce Monsieur Macheath — qui, justement, montrait le bout de son nez.

Mais, bien sûr, répliquait le bourreau, il eût été plus avantageux de le pendre pour donner à la pièce la perfection poétique dont seul Maître Haendel possédait le secret, car les autres guignols de foire qui figuraient dans la pièce avaient sans doute été eux aussi soit pendus soit brûlés ou déportés, semés à tous vents.

S'il avait été condamné à la mort subite, se lamenta ensuite le capitaine fugueur et fanfaron, on le voyait bien, c'était uniquement parce qu'il s'était enfui de sa prison. Raison pour laquelle il avait un bon conseil à donner à chacun : de ne plus faire confiance à personne, même plus à ses propres gens, même plus à ceux qui s'en étaient entièrement remis à vous, car ainsi on pouvait avoir la chance de vivre quelques mois de plus.

Pour sa part, il ne faisait même pas confiance à ses meilleures amies, qui ne supportaient pas de lui voir la corde au cou et qui auraient préféré se faire pendre avec lui plutôt que de rester toutes seules, il se contentait de leur donner un conseil des plus désintéressés, à savoir de se laisser embarquer pour les Indes Occidentales où leur sourirait très certainement la chance de retrouver au moins un mari, sinon deux ou trois.

Mais ensuite, quand apparurent, en chair et en os, des femmes — quatre au bas mot — avec ses enfants illégitimes, et qu'en plus elles revendiquèrent, si possible, d'être pendues avec lui, de faire route avec lui, il fut tout simplement horrifié en pensant aux pensions alimentaires d'outre-tombe et aux astronomiques demandes d'entretien qui très bientôt le poursuivraient juridiquement dans l'au-delà.

Cette nuit-là, pour rentrer chez lui où tout le monde dormait, Haendel traversa les lambeaux d'obscurité humide et poussiéreuse qui pendaient du ciel. Dans sa chambre s'abattit sur lui le souvenir mélancolique de ces temps révolus où toujours il ramenait de ses promenades nocturnes et jetait aussitôt sur le papier la ligne d'une nouvelle mélodie qu'une vague insolente lui avait jetée d'un bond sur la rive après l'avoir dérobée aux monologues chuchotés du fleuve, ou bien quelques accords mémorables pris dans le drapé du fœhn nocturne tendu dans les greniers. Mais pendant ces semaines et ces jours le souffle même des nuits en éveil avait commencé à se refuser à lui, jugé sans doute indigne de confiance pour déchiffrer les secrets de ses bruits. Ou était-ce de sa faute, à lui dont l'oreille et les sensations avaient été émoussées par la déception due aux injures d'un public infidèle et indifférent ?

Sa table de travail, comme toujours, restait vide.

Quelque chose encore s'y trouvait pourtant, une clarté dans la lumière incertaine de la bougie, dans le frémissement léger de la flamme, visible même à ses yeux noyés de perplexité, quelque chose lui faisait signe : un paquet, une lettre du librettiste qui lui avait confectionné *Saül* et *Israël en Égypte,* en vers découpés et cloués sur mesure.

The Messiah était le titre du livret qu'on lui proposait pour une nouvelle mise en musique. Comment ! Voulait-on le faire tourner en bourrique ? Et en plus, il s'agissait d'un de ces oratorios terriblement sujets à toutes les maladies musicales, à toutes les crises de sons et infections harmoniques ! Les oratorios non plus ne l'avaient pas mené bien loin !

Mais dès la première ligne de sa lecture, une émotion apaisante l'étreignit, inexplicablement bienfaisante dans son état actuel, une sorte de calme impavide l'enveloppa, comme si tout avait soudain complètement changé. Il serait consolé, pouvait-il lire, tout à fait rassuré, plus rien désormais ne le tourmenterait, plus rien ne le persécuterait, car à partir de ce moment de sa vie il était sauvé, si bien que personne ne pouvait plus avoir prise sur lui.

C'était comme si un orage de harpes avait éclaté à l'improviste et tambourinait de sa pluie sèche et sonore sur le toit de la maison, non, sur les toits de la ville, de toutes les villes et de tous les villages, et Haendel eut l'impression que le feu avait envahi la chambre où, toujours assis et penché sur sa table de travail, il avait déjà noirci toute une pile de papier à musique ; étaient-ce le feu et les flammes d'un sacrifice d'action de grâce qui lui rafraîchissaient le crâne quand il en réveillait la musique, ou bien était-ce déjà, expédié d'avance vers lui au beau milieu de la nuit, le feu d'une nouvelle journée qui bientôt se lèverait toute neuve à l'horizon, une journée qui embraserait le fouillis d'arbustes desséchés de l'aube et que les torches du levant projetteraient hors de son gîte par-delà l'océan ?

C'était comme s'il avait cloué sur sa table de travail l'éther en personne sous la forme d'une grande feuille de papier, striée de portées bien ordonnées, comme s'il décrivait avec fébrilité et précision l'éclatement d'orages diurnes pendant le long écoulement des marées de la nuit.

Il appelait et renvoyait les chœurs, il les dépêchait à travers d'immenses salles de concert ouvertes à tous les vents, leurs voix accompagnées du violent murmure des forêts se précipitaient en bandes d'oiseaux par les cataractes béantes du ciel, pour s'en aller peupler l'atmosphère, et en chemin leurs ailes frappaient les nuages et les déchiquetaient en bandelettes et lambeaux qui pendaient très bas sur les champs de la plaine, et se décomposaient en une grêle luisante de trilles dans une agréable lumière.

Les éclairs d'un bonheur étrangement familier traversaient sans cesse Haendel, une joie inondait le compositeur, comme une violente pluie de cendres elle s'élevait en lui et, de ses flots, emportait jusqu'aux moindres traces d'ombres et de ruines calcinées, les entraînait vers un inaccessible et profond oubli, dans les lagunes soigneusement pacifiées de sa mémoire ; comme si, avec son réveil, étaient remontés à la surface les éléments d'un savoir tout neuf et une manière de sentir ignorée jusqu'alors, qu'il percevait sans pouvoir les nommer — ou plutôt si, il les nommait en les transposant en sons, il serrait de près les énigmes les plus secrètes, il les suivait toutes à la trace, il faisait sonner aux oreilles leur résolution ; ce qui, jusqu'alors, était resté incompréhensible, indicible et impensable, on pourrait désormais précisément le percevoir et l'entendre.

Au bout de trois semaines, le travail fut achevé. Mais il lui manquait encore le toit sonore qu'il voulait tendre par-dessus tous ces sons nocturnes, et dont le faîte devait monter très haut dans l'atmosphère, une coupole composée de toutes les voix accessibles et de rayons de lumière chantés pour la première fois, une coupole tressée des vols de tous les martinets de l'île ; il voulait en couronner l'œuvre pour qu'elle devînt définitivement ce qu'elle devait être.

Le 13 avril, à Dublin, on entendit l'œuvre pour la première fois. Rien alors ne lui faisait plus perdre contenance, bien qu'il fût encore souvent exposé aux mêmes tracas qu'auparavant, mais tout effort lui était facile à fournir, tous les coups de bec qu'on lui envoyait ne lui causaient que des blessures superficielles, et les portes qui jusque-là lui étaient restées fermées, il les franchissait sans peine.

Les jours, les semaines et les années aplatissaient leurs escaliers sous ses pas durant son voyage souvent recommencé à bord d'églises célestes aux nefs colorées de la splendeur des saisons ; son désir toujours bouillant et son paysage intérieur avec ses tableaux mouvants émergeaient sans cesse et l'accompagnaient partout avec un rayonnement si intense qu'ils commencèrent à déteindre sur son entourage, et, pour finir, le monde extérieur s'adapta si bien à son univers intérieur que les tableaux qu'il voyait étalés autour de lui coïncidaient trait pour trait avec les images qu'il percevait au plus profond de lui-même.

Même devenu aveugle, à un âge très avancé, il ne cessa de voir — mais il voyait avec son immense oreille et il entendait tout par la fenêtre de son œil intérieur.

Le temps passant, le nombre de ses œuvres devint même pour lui probablement difficile à compter, il en perdit le compte exact si bien qu'il commença peut-être à les réabsorber peu à peu, à les reverser dans son oubli, à les renvoyer à l'endroit d'où, des dizaines d'années auparavant, elles s'étaient déversées ; *Le Messie* au contraire restait toujours proche de lui et l'accompagnait partout. Il aimait cette œuvre, car avec elle il s'était senti lui-même renaître et revivre. C'était donc avec elle qu'il voulait faire ses adieux au public avant de décider sa retraite définitive.

Le 6 avril, on le conduisit pour la dernière fois sur l'estrade de Covent Garden ; il était âgé de 74 ans et très malade. Sa personne était depuis longtemps devenue une institution, et lorsqu'il fit son entrée, il fut précédé de deux bougies que l'on posa sur le clavecin.

Il était assis là, comme toujours tout au long de sa vie passée, seul au milieu de la foule qu'il ne voyait pas ; alors se levèrent les orages du clavecin, et les chœurs, denses et compacts comme des nuages d'oiseaux migrateurs à leur retour, brisèrent avec fracas les fenêtres du bâtiment, ils volèrent tout près et, abolis déjà dans les acclamations et dans l'ouragan d'applaudissements dont on lui fit l'offrande, ils frôlèrent ses paupières : à ce moment-là son visage, fatigué par de trop fréquents réveils, illumina toute la salle.

Dans l'effroi général, on le reconduisit à la maison où il se coucha pour ne plus jamais se relever.

Et le 13 avril, Haendel sentit venir l'horizon de très loin au-delà de la ville, traverser les ruelles et s'asseoir sur son lit, il sentit la rue se ruer dans sa chambre par la fenêtre, alors qu'il avait déjà le sentiment de planer au-dessus de son propre corps, il se perçut comme le reflet transparent de sons inouïs qui refluaient de sa chambre élargie aux dimensions de l'une des plaines continentales, alors que l'horizon s'était déjà retiré en emportant Haendel loin au-delà de la ville, jusqu'au bord de l'océan, loin derrière le fleuve resté immobile — resté coincé, tout simplement, dans ce canton de paysage derrière la ville.

DANS LA MÊME COLLECTION

LEOPOLD ANDRIAN
Le Jardin de la connaissance

RUDOLF BORCHARDT
Déshonneur

ALFRED DÖBLIN
Ætheria

HUGO VON HOFMANNSTHAL
La Femme sans ombre
L'Homme difficile

GERT JONKE
L'École du virtuose
La Guerre du sommeil

LUISE RINSER
Miryam

RAINER MARIA RILKE
Lettres à Yvonne von Wattenwyl
Poèmes à la nuit
Chant éloigné

LEOPOLD VON SACHER-MASOCH
L'Amour de Platon

ANNEMARIE SCHWARZENBACH
Nouvelle lyrique

JOSEPH WINKLER
Le Serf

Imprimerie des Presses Universitaires de France
73, avenue Ronsard, 41100 Vendôme
Imprimé en France
pour Verdier Editeur
Septembre 1995 — N° 42 128